ताकत

CHAMPIONS

अवि

XpressPublishing
An imprint of Notion Press

XpressPublishing
An Imprint of Notion Press

No.8, 3rd Cross Street, CIT Colony,
Mylapore, Chennai, Tamil Nadu-600004

Copyright © Avi
All Rights Reserved.

ISBN 978-1-64805-277-4

This book has been published with all efforts taken to make the material error-free after the consent of the author. However, the author and the publisher do not assume and hereby disclaim any liability to any party for any loss, damage, or disruption caused by errors or omissions, whether such errors or omissions result from negligence, accident, or any other cause.

While every effort has been made to avoid any mistake or omission, this publication is being sold on the condition and understanding that neither the author nor the publishers or printers would be liable in any manner to any person by reason of any mistake or omission in this publication or for any action taken or omitted to be taken or advice rendered or accepted on the basis of this work. For any defect in printing or binding the publishers will be liable only to replace the defective copy by another copy of this work then available.

यह सोचें और आगे बढ़ें

इ

श्री एडिसन ने उस समय ज्ञात एक नए कार्यालय उपकरण को पूर्ण किया था, जैसा कि एडिसन डिक्टेटिंग मशीन (अब एडिपोन)। उसके सेल्समैन नहीं थे मशीन पर उत्साही। उन्हें विश्वास नहीं था कि यह बिना महान के बेचा जा सकता है प्रयास है। बार्न्स ने अपना अवसर देखा। यह चुपचाप रेंगता था, एक कतार में छिपा हुआ था ऐसी मशीन की खोज की जा रही है जिसमें बार्न्स और आविष्कारक के अलावा किसी की दिलचस्पी न हो बार्न्स को पता था कि वह एडिसन डिक्टेटिंग मशीन बेच सकता है। उसने सुझाव दिया एडिसन के लिए, और तुरंत उसका मौका मिला। उसने मशीन बेच दी। वास्तव में, वह इसे इतनी सफलतापूर्वक बेचा कि एडिसन ने उसे वितरित करने और इसे बाजार में लाने का अनुबंध दिया पूरे देश में। उसमें से बिजनेस एसोसिएशन ने नारा दिया, “मेड बाय एडिसन और बार्न्स द्वारा स्थापित। ”

व्यापार गठबंधन तीस साल से अधिक समय से परिचालन में है। बाहर इसके बारे में बार्न्स ने खुद को पैसे का धनी बना लिया है, लेकिन उन्होंने कुछ किया है असीम रूप से अधिक से अधिक, उसने साबित कर दिया है कि वास्तव में "अमीर सोचें और बढ़ें।"

वास्तविक वास्तविक नकद जो बार्न्स के मूल मूल्य के बराबर है उसके पास, मेरे पास जानने का कोई तरीका नहीं है। शायद यह उसे दो या तीन मिलियन लाया है डॉलर, लेकिन राशि, जो कुछ भी है, तुलना करने पर नगण्य हो जाता है अधिक से अधिक संपत्ति के साथ उन्होंने निश्चित ज्ञान के रूप में अर्जित किया कि ए विचार का अमूर्त आवेग इसके भौतिक समकक्ष द्वारा जानकारी प्रसारित किया जा सकता है ज्ञात सिद्धांतों का अनुप्रयोग।

बार्न्स ने सचमुच महान एडिसन के साथ साझेदारी में खुद को सोचा!

उसने खुद को एक भाग्य में सोचा था। उसके पास शुरू करने के लिए कुछ नहीं था, सिवाय इसके पता करने की क्षमता क्या है, और पता लगाना है यह वांछित है कि यह सामान्य रूप से अनुमानित है।

उसके पास शुरू करने के लिए पैसे नहीं थे। उनके पास शिक्षा बहुत कम थी। उसके पास कोई नहीं था प्रभावित करते हैं। लेकिन उसके पास पहल, विश्वास और जीतने की इच्छाशक्ति थी। इनके साथ अमूर्त ताकतों के साथ उन्होंने खुद को सबसे बड़ा आविष्कारक बना दिया जो कभी रहते थे।

अब, हम एक अलग स्थिति को देखते हैं, और एक ऐसे व्यक्ति का अध्ययन करते हैं जिसके पास बहुत कुछ था

धन के ठोस सबूत, लेकिन इसे खो दिया, क्योंकि वह तीन फीट कम बंद कर दिया
लक्ष्य वह चाह रहा था।

स्वर्ण से तीन फ़ीट

विफलता के सबसे आम कारणों में से एक जब छोड़ने की आदत है
एक अस्थायी हार से आगे निकल गया है। हर व्यक्ति इस एक गलती का दोषी है
समय या कोई और।

क्या आप इस दृश्य में अवधारणाओं से घबराए हुए, अटक गए हैं या हावी हो गए हैं? 18
डिस्कवर कैसे शुरू करने के लिए मुक्त ऑडियो और वीडियो प्रशिक्षण के साथ आगे बढ़ना:
| vww.think-and-act-rich.com | i

यह सोचें और आगे बढ़ें

आर। यू। डर्बी के एक चाचा को "सोने का बुखार" सोने की भीड़ में पकड़ा गया था
दिनों, और DIG और GROW रिक के लिए पश्चिम में चला गया। उसने ऐसा कभी नहीं सुना था
सोने को उन आदमियों के दिमाग से खनन किया गया है जो कभी धरती से लिए गए थे। वह
एक दावा किया और पिक और फावड़ा के साथ काम करने चला गया। जाना कठिन था, लेकिन
सोने के लिए उसकी लालसा निश्चित थी।

हफ्तों के श्रम के बाद, उन्हें चमकते अयस्क की खोज के द्वारा पुरस्कृत किया गया।
अयस्क को सतह पर लाने के लिए उसे मशीनरी की आवश्यकता थी। चुपचाप, उसने कवर किया
मेरा, विलियम्सबर्ग, मैरीलैंड में अपने घर के लिए अपने नक्शेकदम पर पीछे हट गया, उसने बताया
रिश्तेदारों और "हड़ताल" के कुछ पड़ोसी
जरूरत मशीनरी, यह भेज दिया था। चाचा और डर्बी काम पर वापस चले गए
मेरी।

अयस्क की पहली कार का खनन किया गया था, और एक स्मेल्टर पर भेज दिया गया था। रिटर्न
साबित कर दिया कि वे कोलोराडो में सबसे अमीर खानों में से एक थे! उस की कुछ और कारें
अयस्क ऋण को साफ करेगा। तब मुनाफे में बड़ी हत्या आ जाएगी।
नीचे चला गया अभ्यास! ऊपर डार्बी और अंकल की उम्मीदें जागीं! फिर
कुछ हुआ! सोने के अयस्क की नस गायब हो गई! वे आ गए थे
इंद्रधनुष का अंत, और सोने का बर्तन अब नहीं था! वे पर drilled,
पूरी तरह से नस को फिर से लेने की कोशिश कर रहा है - कोई फायदा नहीं हुआ।
अंत में, उन्होंने QUIT का फैसला किया।
उन्होंने कुछ सौ डॉलर के लिए एक कबाड़ आदमी को मशीनरी बेची, और

ट्रेन को वापस घर ले गया। कुछ "जंक" पुरुष गूंगे हैं, लेकिन यह एक नहीं है! उसने फोन
खदान को देखने और थोड़ी गणना करने के लिए एक खनन इंजीनियर में। अभियंता
सलाह दी कि परियोजना विफल हो गई थी, क्योंकि मालिक परिचित नहीं थे
"गलती की रेखाएं।" उनकी गणना से पता चला है कि नस को बस तीन पाया जाएगा
DAR13YS हड STO1PED ड्रिलिंग कहाँ से प्राप्त करें! बिलकुल है
यह कहाँ पाया गया था!
"जंक" आदमी ने खदान से अयस्क में लाखों डॉलर ले लिए, क्योंकि वह
पर्याप्त सलाह लेने से पहले विशेषज्ञ परामर्श लेना जानता था।
ज्यादातर पैसा जो मशीनरी में जाता था, उसके जरिए खरीदा जाता था
आर। यू। डर्बी के प्रयास, जो उस समय बहुत कम उम्र के व्यक्ति थे। पैसा आ गया
अपने रिश्तेदारों और पड़ोसियों से, उनके विश्वास के कारण। उसने वापस भुगतान किया
इसके प्रत्येक डॉलर, हालांकि वह ऐसा करने में वर्षों थे।
लंबे समय बाद, श्री डर्बी ने अपने नुकसान को कई बार दोहराया, जब वह
खोज की गई कि DESIRE को सोने में स्थानांतरित किया जा सकता है। खोज आ गई
जीवन बीमा बेचने के व्यवसाय में जाने के बाद।
यह याद करते हुए कि उन्होंने एक बहुत बड़ा भाग्य खो दिया, क्योंकि उन्होंने तीन फीट की दूरी तय की
सोने से, डार्बी ने अपने चुने हुए काम में अनुभव के आधार पर, सरल द्वारा मुनाफा कमाया
क्या आप निराश महसूस करते हैं, अटक या सी से अभिभूतइस दृश्य में एक बार? 19
डिस्कवर कैसे शुरू करने के लिए स्वतंत्र ऑडियो और वीडियो प्रशिक्षण के साथ आगे बढ़ना:
| www.think-and-act-rich.com
यह सोचें और आगे बढ़ें
खुद से कहने का तरीका, "मैंने सोने से तीन फीट की दूरी पर रोका, लेकिन मैं कभी नहीं रुकूंगा
क्योंकि पुरुष कहते हैं कि 'नहीं' जब मैं उन्हें बीमा खरीदने के लिए कहता हूं
डार्बी पचास से कम पुरुषों के एक छोटे समूह में से एक है जो एक से अधिक बेचते हैं
सालाना जीवन बीमा में मिलियन डॉलर। वह सबक के लिए अपनी स्थिरता का श्रेय देता है
उन्होंने सोने के खनन के कारोबार में अपने "त्यागने" से सीखा।
किसी भी व्यक्ति के जीवन में सफलता आने से पहले, वह बहुत कुछ के साथ मिलना निश्चित है
अस्थायी हार, और, शायद, कुछ विफलता। जब हार एक आदमी से आगे निकल जाती है, तो
सबसे आसान और सबसे तार्किक काम करना है। यह वास्तव में बहुमत है
पुरुषों की

इस देश के सबसे सफल पुरुषों में से पाँच सौ से अधिक
ज्ञात है, लेखक ने बताया कि उनकी सबसे बड़ी सफलता बिंदु से एक कदम आगे आई
जिस पर हार ने उन्हें पछाड़ दिया था। विफलता एक गहरी समझ के साथ चालबाज है
विडंबना और चालाक। जब सफलता लगभग होती है, तो उसे तीन गुना करने में बहुत खुशी मिलती है
पहुँच में हैं।
व्यक्तिगत रूप से एक पचास-प्रतिशत का पाठ
थोड़ी देर बाद मिस्टर डार्बी ने "यूनिवर्सिटी ऑफ़ हार्ड" से अपनी डिग्री प्राप्त की
नॉक, ”और सोने के खनन में अपने अनुभव से लाभ का फैसला किया था
व्यापार, वह एक अवसर पर उपस्थित होने का सौभाग्य था जो साबित हुआ
उसे "नहीं" जरूरी नहीं कि कोई मतलब नहीं है।
एक दोपहर वह अपने चाचा को एक पुराने ढंग से गेहूं पीसने में मदद कर रहा था
चक्की। चाचा ने एक बड़े खेत का संचालन किया, जिस पर कई रंग की हिस्सेदारी थी
किसान रहते थे। चुपचाप, दरवाजा खोला गया, और एक छोटे रंग का बच्चा, द
एक किरायेदार की बेटी, अंदर चली गई और दरवाजे के पास अपनी जगह ले ली।
चाचा ने ऊपर देखा, बच्चे को देखा, और लगभग उसी पर भौंका, "क्या करते हैं
तुम्हें चाहिए?"
मीकली, बच्चे ने जवाब दिया, "मेरी माँ कहती है कि उसे पचास सेंट भेजें।"
"मैं ऐसा नहीं करूंगा," चाचा ने कहा, "अब आप घर पर चलते हैं।"
"यस साह," बच्चे ने जवाब दिया। लेकिन वह नहीं हिला।
चाचा अपने काम के साथ आगे बढ़े, इसलिए व्यस्तता से लगे कि उन्होंने नहीं किया
बच्चे को यह ध्यान देने के लिए पर्याप्त ध्यान दें कि उसने नहीं छोड़ा। जब वह
ऊपर देखा और उसे अभी भी वहाँ खड़ा देखा, वह उस पर चिल्लाया, “मैंने तुमसे कहा था
घर! अब जाओ, या मैं तुमसे एक स्विच लूंगा
छोटी लड़की ने कहा "यस साह," लेकिन उसने एक इंच भी नहीं हिलाया।
क्या आप इस दृश्य में अवधारणाओं से घबराए हुए, अटक गए हैं या हावी हो गए हैं? 20
डिस्कवर कैसे शुरू करने के लिए मुक्त ऑडियो और वीडियो प्रशिक्षण के साथ आगे बढ़ना:
| vww.think-and-act-rich.com
यह सोचें और आगे बढ़ें
चाचा ने अनाज की एक बोरी गिरा दी जो वह चक्की में डालने वाला था
हॉपर, एक बैरल स्टोव उठाया, और एक अभिव्यक्ति के साथ बच्चे की ओर शुरू किया

उसके चेहरे पर कि मुसीबत का संकेत दिया।

डार्बी ने अपनी सांस रोक रखी थी। वह निश्चित था कि वह एक हत्या का गवाह बनने वाला था। वह जानता था कि उसके चाचा उग्र स्वभाव के थे। वह जानता था कि रंगीन बच्चे नहीं थे देश के उस हिस्से में गोरे लोगों को धता बताने के लिए।

जब चाचा उस जगह पर पहुँचे जहाँ बच्चा खड़ा था, वह जल्दी से एक कदम आगे बढ़ाया, उसकी आँखों में देखा, और चिल्लाया उसकी तीखी आवाज़ के ऊपर, "मेरे बच्चे को यह बहुत अच्छा लग रहा है!"

चाचा रुक गए, एक मिनट के लिए उसे देखा, फिर धीरे से बैरल बिछाया मंजिल पर चढ़े, अपनी जेब में हाथ डाला, आधा डॉलर निकाला और उसे दे दिया उसके।

बच्चे ने पैसे ले लिए और धीरे से दरवाजे की ओर बढ़ गया, कभी नहीं उस व्यक्ति से अपनी नज़रें हटाना, जिसे उसने अभी-अभी जीता था। उसके जाने के बाद, चाचा एक बॉक्स पर बैठ गए और खिड़की को दस से अधिक जगह पर देखा मिनट। वह हड़बड़ी में था, विस्मय के साथ, व्हिपिंग पर जो उसने अभी लिया था।

मिस्टर डार्बी, भी कुछ सोच रहा था। ऐसा पहली बार हुआ था अनुभव करें कि उन्होंने एक रंगीन बच्चे को जानबूझकर एक वयस्क सफेद रंग में देखा था व्यक्ति। उसने यह कैसे किया? उसके चाचा के साथ क्या हुआ जिसके कारण वह हार गया उसकी भयंकरता और एक भेड़ के बच्चे के रूप में विनम्र? इस बच्चे ने कितनी अजीब शक्ति पैदा की उपयोग करें कि उसके मालिक उसे बेहतर पर बना दिया? ये और इसी तरह के अन्य प्रश्न डार्बी के दिमाग में कौंध गया, लेकिन उन्हें सालों बाद तक इसका जवाब नहीं मिला, जब उसने मुझे कहानी सुनाई।

अजीब तरह से, इस असामान्य अनुभव की कहानी में लेखक को बताया गया था पुरानी चक्की, उस जगह पर जहां चाचा ने अपनी चाबुक चलाया। अजीब तरह से, मैं भी एक सदी के लगभग एक चौथाई को शक्ति के अध्ययन के लिए समर्पित किया था एक बुद्धिमान व्यक्ति को जीतने के लिए एक अज्ञानी, अनपढ़ रंगीन बच्चे को सक्षम किया।

जैसा कि हम उस विशाल पुरानी मिल में खड़े थे, मिस्टर डार्बी ने इसकी कहानी दोहराई असामान्य विजय, और यह पूछकर समाप्त हो गई, "आप इससे क्या बना सकते हैं? क्या उस बच्चे ने अजीब शक्ति का इस्तेमाल किया, जिससे मेरे चाचा को पूरी तरह से मार पड़ी?

उनके प्रश्न का उत्तर इसमें वर्णित सिद्धांतों में मिलेगा पुस्तक। उत्तर पूर्ण और पूर्ण है। इसमें विवरण और निर्देश शामिल हैं

किसी को भी समझने के लिए सक्षम करने के लिए पर्याप्त है, और उसी बल को लागू करें जो
छोटा बच्चा गलती से ठोकर खा गया।
अपने दिमाग को सतर्क रखें, और आप वास्तव में क्या अजीब शक्ति का निरीक्षण करेंगे
बच्चे के बचाव में आए, आप इस शक्ति की एक झलक देखेंगेवह आगे
अध्याय। पुस्तक में कहीं न कहीं आपको एक ऐसा विचार मिलेगा जो आपके दिमाग को तेज कर देगा
क्या आप इस दृश्य में अवधारणाओं से घबराए हुए, अटक गए हैं या हावी हो गए हैं? 21
डिस्कवर कैसे शुरू करने के लिए स्वतंत्र ऑडियो और वीडियो प्रशिक्षण के साथ आगे बढ़ना:
I vww.think-and-act-rich.com
यह सोचें और आगे बढ़ें
अपने स्वयं के लाभ के लिए ग्रहणशील शक्तियां, और आपके आदेश पर जगह, यही
अथक शक्ति। इस शक्ति के बारे में जागरूकता आपको पहली बार में आ सकती है
अध्याय, या यह कुछ बाद के अध्याय में आपके दिमाग में चमक सकता है। यह आ सकता है
एक विचार के रूप में। या, यह एक योजना, या एक उद्देश्य की प्रकृति में आ सकता है।
फिर, यह आपको विफलता या हार के अपने पिछले अनुभवों में वापस जाने का कारण बन सकता है,
और सतह पर कुछ पाठ लाएँ जिससे आप खोए हुए सभी को पुनः प्राप्त कर सकें
हार के माध्यम से।
के बाद मैंने श्री डार्बी को अनजाने में इस्तेमाल की जाने वाली शक्ति का वर्णन किया था
छोटे रंग का बच्चा, उसने अपने तीस साल के अनुभव को जीवन के रूप में जल्दी से पा लिया
बीमा विक्रेता, और स्पष्ट रूप से स्वीकार किया कि उस क्षेत्र में उसकी सफलता थी
कारण, कोई छोटी सी डिग्री में, बच्चे से सीखे गए सबक के लिए।
श्री डर्बी ने कहा: “हर बार जब कोई संभावना मुझे बिना झुके बाहर निकालने की कोशिश करती है
खरीद, मैंने देखा कि वह बच्चा पुरानी चक्की में खड़ा है, उसकी बड़ी आँखें चमक रही हैं
अवज्ञा, और मैंने खुद से कहा, otta मुझे यह बिक्री नहीं करनी है। Of सभी का बेहतर हिस्सा
बिक्री मैंने की है, लोगों द्वारा made नहीं 'कहने के बाद की गई थी।”
उन्होंने यह भी याद किया, कि सोने से केवल तीन फीट दूर रहने में उनकी गलती थी,
"लेकिन," उन्होंने कहा, "वह अनुभव भेस में एक आशीर्वाद था। इसने मुझे रखना सिखाया
चाहे कितना भी कठिन क्यों न हो, मुझे सीखते रहना चाहिए
इससे पहले कि मैं कुछ भी कर सकता था।
श्री डार्बी और उसके चाचा, रंगीन बच्चे और सोने की यह कहानी
मेरा, निस्संदेह उन सैकड़ों पुरुषों द्वारा पढ़ा जाएगा जो अपने जीवन को बनाते हैं

जीवन बीमा बेचना, और इन सभी के लिए, लेखक सुझाव देना चाहता है
डार्बी इन दोनों को एक मिलियन से अधिक बेचने की अपनी क्षमता का अनुभव करता है
हर साल जीवन बीमा का डॉलर।
जीवन अजीब है, और अक्सर असंभव है! दोनों सफलताओं और
असफलताओं की जड़ें सरल अनुभवों में होती हैं। श्री डर्बी के अनुभव थे
आम और काफी सरल, फिर भी उन्होंने जीवन में अपने भाग्य का जवाब रखा,
इसलिए वे जीवन के रूप में महत्वपूर्ण (उनके लिए) थे। I-fe इन दोनों द्वारा प्रमाणित
नाटकीय अनुभव, क्योंकि उसने उनका विश्लेषण किया, और उनके द्वारा पढ़ाया गया पाठ पाया।
लेकिन उस आदमी का क्या, जिसके पास न तो समय है और न ही असफलता का अध्ययन करने का झुकाव
ज्ञान की खोज में जिससे सफलता मिल सकती है? कहाँ, और कैसे सीखना है
हार को पत्थरों में बदलने की कला?
इन सवालों के जवाब में, यह पुस्तक लिखी गई थी।
उत्तर तेरह सिद्धांतों के वर्णन के लिए कहा जाता है, लेकिन याद रखें,
जैसा कि आप पढ़ते हैं, जो उत्तर आप मांग रहे हैं, उन प्रश्नों के लिए जो हो सकते हैं
आप जीवन की विचित्रता पर विचार कर सकते हैं, अपने मन में पाया जा सकता है,
क्या आप इस दृश्य में अवधारणाओं से घबराए हुए, अटक गए हैं या हावी हो गए हैं? 22
डिस्कवर कैसे शुरू करने के लिए मुक्त ऑडियो और वीडियो प्रशिक्षण के साथ आगे बढ़ना:
| www.think-and-act-rich.com | i
यह सोचें और आगे बढ़ें
कुछ विचार, योजना या उद्देश्य के माध्यम से जो आपके मन में बस सकता है
पढ़ें।
एक ध्वनि विचार यह है कि सभी को सफलता प्राप्त करने की आवश्यकता है। सिद्धांतों
इस पुस्तक में वर्णित, इसमें सबसे अच्छा और सबसे अधिक व्यावहारिक है
उपयोगी विचारों को बनाने के तरीकों और तरीकों के बारे में जाना जाता है।
इससे पहले कि हम इन के वर्णन के लिए हमारे दृष्टिकोण में आगे बढ़ें
सिद्धांतों, हमारा मानना है कि आप इस महत्वपूर्ण सुझाव को प्राप्त करने के हकदार हैं ...।
जब वह आता है, तो वह जल्द ही आ जाता है
महान आन्दोलन, जो कि उन लोगों के लिए है, जो उनके पास हैं
सभी को छोड़कर कुछ साल पहले। यह एक आश्चर्यजनक कथन है,
और यह सब तब, जब हम लोकप्रिय धारणा को ध्यान में रखते हैं

धन केवल उन लोगों के लिए आता है जो कड़ी मेहनत और लंबे समय तक काम करते हैं।
जब आप THINK AND GROW RICH शुरू करते हैं, तो आप उसका निरीक्षण करेंगे
धन की शुरुआत मन की अवस्था से होती है, उद्देश्य की निश्चितता के साथ, बहुत कम या नहीं के साथ
कठोर परिश्रम। आप और हर दूसरे व्यक्ति को यह जानने में रुचि होनी चाहिए कि कैसे
मन की उस स्थिति को प्राप्त करने के लिए जो धन को आकर्षित करेगा। मैंने पच्चीस साल अंदर बिताए
अनुसंधान, 25,000 से अधिक लोगों का विश्लेषण, क्योंकि मैं भी जानना चाहता था
"इस तरह अमीर आदमी कैसे बनते हैं।
उस शोध के बिना, यह पुस्तक नहीं लिखी जा सकती थी।
यहाँ एक बहुत ही महत्वपूर्ण सत्य का ध्यान रखना, अर्थात:
व्यवसाय का अवसाद 1929 में शुरू हुआ, और हर समय जारी रहा
विनाश का रिकॉर्ड, राष्ट्रपति रूजवेल्ट के कार्यालय में प्रवेश करने के कुछ समय बाद तक।
फिर अवसाद कुछ भी नहीं होने लगा। बस एक बिजली मिस्त्री के रूप में
रंगमंच रोशनी को इतना धीरे-धीरे बढ़ाता है कि अंधेरा पहले प्रकाश में प्रसारित होता है
आप इसे महसूस करते हैं, इसलिए लोगों के मन में डर फैल गया है
दूर और विश्वास बन गया।
जैसे ही आप इस के सिद्धांतों में महारत हासिल करते हैं, बहुत बारीकी से निरीक्षण करें
दर्शन, और उन सिद्धांतों को लागू करने के लिए निर्देशों का पालन करना शुरू करें,
आपकी वितीय स्थिति bहमारे नियंत्रण की शक्ति है
विचार।
उसे हमें बताना चाहिए था कि वह ईथर जिसमें यह छोटी पृथ्वी तैरती है, में
जो हम चलते हैं और हमारा अस्तित्व है, ऊर्जा का एक रूप है
जानबूझकर कंपन की उच्च दर, और यह कि ईथर एक प्रकार से भरा हुआ है
सार्वभौमिक शक्ति जो स्वयं को हमारे द्वारा धारण किए गए विचारों की प्रकृति के अनुसार जोड़ता है
क्या आप इस दृश्य में अवधारणाओं से घबराए हुए, अटक गए हैं या हावी हो गए हैं? 25
डिस्कवर कैसे शुरू करने के लिए मुक्त ऑडियो और वीडियो प्रशिक्षण के साथ आगे बढ़ना:
| vww.think-and-act-rich.com
सोचें और बढ़ें
हमारे दिमाग; और हमारे विचारों को प्रसारित करने के लिए, प्राकृतिक तरीकों से, हमें सूचित करें
उनके शारीरिक समकक्ष में।
अगर कवि ने हमें इस महान सत्य के बारे में बताया होता, तो हम जानते हैं कि यह क्यों है

हम अपने भाग्य के परास्नातक हैं, हमारी आत्माओं के कप्तान हैं। उसे बताना चाहिए था हमें, बहुत जोर देकर, कि यह शक्ति भेदभाव करने का कोई प्रयास नहीं करती है विनाशकारी विचारों और रचनात्मक विचारों के बीच, कि यह हमें आग्रह करेगा गरीबी के भौतिक वास्तविकता विचारों में अनुवाद करें, जितनी जल्दी हो सके हमें धन के विचारों पर कार्य करने के लिए प्रभावित करते हैं।

उसे हमें यह भी बताना चाहिए था, कि हमारा दिमाग उसके साथ चुम्बकीय हो जाता है उन विचारों पर हावी होना, जिन्हें हम अपने दिमाग में रखते हैं, और, जिनके साथ नहीं आदमी परिचित है, ये "मैग्नेट" हमें बलों, लोगों, को आकर्षित करते हैं जीवन की परिस्थितियाँ जो हमारे वर्चस्व की प्रकृति के साथ मेल खाती हैं विचार।

उसे हमें बताना चाहिए, कि इससे पहले कि हम महान में धन जमा कर सकें बहुतायत, हमें धन के लिए तीव्र इच्छा के साथ अपने दिमाग को चुम्बकित करना चाहिए जब तक हमें पैसे नहीं मिलेंगे, तब तक हमें "पैसे के प्रति सचेत" होना चाहिए इसे प्राप्त करने के लिए निश्चित योजना बनाएं।

लेकिन, एक कवि होने के नाते, और दार्शनिक नहीं, हेनले ने खुद को संतुष्ट किया काव्यात्मक रूप में एक महान सत्य को बताते हुए, जो लोग उसका अनुसरण करते हैं, व्याख्या करने के लिए छोड़ देते हैं उनकी पंक्तियों का दार्शनिक अर्थ।

कम से कम, सत्य ने खुद को प्रकट किया है, जब तक कि यह अब निश्चित नहीं दिखता इस पुस्तक में वर्णित सिद्धांत, हमारे ऊपर मालकियत का रहस्य रखते हैं आर्थिक भाग्य।

अब हम इन सिद्धांतों की पहली जांच करने के लिए तैयार हैं। एक बनाए रखें खुले दिमाग की भावना, और जैसा कि आप पढ़ते हैं, वे याद करते हैं कोई भी आदमी नहीं। सिद्धांतों को अधिक से अधिक जीवन के अनुभवों से इकट्ठा किया गया था 500 लोग जो वास्तव में भारी मात्रा में धन जमा करते हैं; जो पुरुषों में शुरू हुआ गरीबी, लेकिन कम शिक्षा के साथ, बिना प्रभाव के। सिद्धांतों के लिए काम किया ये पुरुष। आप उन्हें अपने स्थायी लाभ के लिए काम करने के लिए रख सकते हैं।

आपको यह करना आसान होगा, कठिन नहीं।

अगले अध्याय को पढ़ने से पहले, 1 यह जानना चाहता है कि यह बताता है तथ्यात्मक जानकारी जो आपके संपूर्ण वित्तीय भाग्य को आसानी से बदल सकती है, जैसा कि यह है निश्चित रूप से दो लोगों के लिए शानदार अनुपात के परिवर्तन लाया है

का वर्णन किया।
मैं चाहता हूं कि आप भी, इन दोनों पुरुषों के बीच के संबंध को जानें
खुद, ऐसा है कि मैं तथ्यों के साथ कोई स्वतंत्रता नहीं ले सकता था, भले ही मेरे पास था
ऐसा करने की कामना की। उनमें से एक लगभग मेरा सबसे करीबी निजी दोस्त रहा है
क्या आप इस दृश्य में अवधारणाओं से घबराए हुए, अटक गए हैं या हावी हो गए हैं? 26
डिस्कवर कैसे शुरू करने के लिए स्वतंत्र ऑडियो और वीडियो प्रशिक्षण के साथ आगे बढ़ना:
| vww.think-and-act-rich.com
लगता है और भू रीच ई
पच्चीस साल, दूसरा मेरा अपना बेटा है। इन दोनों की असामान्य सफलता
पुरुषों, सफलता जो वे उदारतापूर्वक वर्णित सिद्धांत को मान्यता देते हैं
अगला अध्याय, इस निजी संदर्भ को एक साधन के रूप में बताता है
इस सिद्धांत की दूरगामी शक्ति पर बल देना।
लगभग पंद्रह साल पहले, मैंने पर कमिशनमेंट एड्रेस दिया
सलेम कॉलेज, सलेम, वेस्ट वर्जीनिया। मैंने में वर्णित सिद्धांत पर जोर दिया
अगला अध्याय, इतनी तीव्रता के साथ कि स्नातक करने वाले सदस्यों में से एक
वर्ग ने निश्चित रूप से इसे स्वीकार किया, और इसे अपने स्वयं के दर्शन का हिस्सा बनाया।
युवा अब कांग्रेस का सदस्य है, और वर्तमान में एक महत्वपूर्ण कारक है
शासन प्रबंध। इस पुस्तक के प्रकाशक के पास जाने से ठीक पहले, उन्होंने मुझे एक पत्र लिखा
जिसमें उन्होंने स्पष्ट रूप से अगले में उल्लिखित सिद्धांत की अपनी राय बताई
अध्याय, कि मैंने उनके पत्र को उस अध्याय के परिचय के रूप में प्रकाशित करने के लिए चुना है।
यह आपको आने वाले पुरस्कारों का एक विचार देता है।
"मेरे प्रिय नेपोलियन:
"कांग्रेस के सदस्य के रूप में मेरी सेवा ने मुझे एक अंतर्दृष्टि प्रदान की
पुरुषों और महिलाओं की समस्याओं में, मैं सुझाव देने के लिए लिख रहा हूं
जो हजारों योग्य लोगों के लिए सहायक बन सकता है।
"माफी के साथ, मुझे बताना होगा कि सुझाव, अगर कार्रवाई की गई,
आपके लिए कई वर्षों के श्रम और जिम्मेदारी का मतलब होगा, लेकिन मैं हूं
en-hi hi सुझाव देने के लिए दिल भर आया, क्योंकि मुझे आपका बड़ा प्यार मालूम है
उपयोगी सेवा प्रदान करना।
"1922 में, आपने सलेम में कमिशनमेंट एड्रेस दिया

कॉलेज, जब मैं स्नातक वर्ग का सदस्य था। उस पते पर,
आपने मेरे दिमाग में एक विचार डाला जो इसके लिए जिम्मेदार था
अवसर मुझे अब अपने राज्य के लोगों की सेवा करने का है, और रहेगा
जिम्मेदार, एक बहुत बड़े उपाय में, जो भी सफलता मेरे लिए हो सकती है
भविष्य।
“मेरे पास जो सुझाव है, वह यह है कि आप पुस्तक में रखें
योग और विकल्प
परिचय
आदमी "क्या"
उसकी तरह पार्टनरशिप में हो सकता है
थॉमस ए EDISON के साथ
सही मायने में, "विचार चीजें हैं," और शक्तिशाली चीजें उस समय, जब वे होते हैं
उद्देश्य, दृढ़ता, और एक मजबूत इच्छा के लिए निश्चितता के साथ मिश्रित
धन, या अन्य भौतिक वस्तुओं में उनका अनुवाद।
तीस साल पहले की तुलना में, एडविन सी। बार्न्स ने कितना सही पाया
यह है कि पुरुष वास्तव में सोचता है और चलती है। उसकी खोज नहीं हुई
लगभग एक पर। यह थोड़ा-थोड़ा करके आया था, एक बर्शिंग डेस्क के साथ
महान एडिसन का एक व्यावसायिक सहयोगी बनने के लिए।
बार्न्स की इच्छा की मुख्य विशेषताओं में से एक यह था कि यह निश्चित था।
वह एडिसन के साथ काम करना चाहते थे, न कि उन्हें। ध्यान से देखें, वर्णन
कैसे वह अपने DESIRE को वास्तविकता में अनुवाद करने के बारे में गया, और आपके पास एक होगा
तेरह सिद्धांतों की बेहतर समझ जो धन का नेतृत्व करती है।
जब इस विचार, या विचार का आवेग, पहले उसके दिमाग में चमक गया
उस पर कार्रवाई करने की कोई स्थिति नहीं थी। दो मुश्किलें उसके रास्ते में खड़ी थीं। वह नहीं था
श्री एडिसन को जानते हैं, और उसके पास इतना पैसा नहीं था कि वह अपने रेल का किराया चुका सके
ऑरेंज, न्यू जर्सी।
ये कठिनाइयाँ बहुसंख्य पुरुषों को हतोत्साहित करने के लिए पर्याप्त थीं
इच्छा को पूरा करने के लिए कोई भी प्रयास करने से। लेकिन उनकी कोई साधारण इच्छा नहीं थी!
वह अपनी इच्छा को पूरा करने के लिए एक रास्ता खोजने के लिए इतना दृढ़ था कि आखिरकार
पराजित होने के बजाय "अंधा सामान" से यात्रा करने का फैसला किया। (बिन बुलाए,

इसका मतलब है कि वह मालगाड़ी पर ईस्ट ऑरेंज गया था)।
उन्होंने खुद को श्री एडिसन की प्रयोगशाला में प्रस्तुत किया, और घोषणा की कि उनके पास है
आविष्कारक के साथ व्यापार में जाने के लिए। पहली मुलाकात के बोल में
बरनेस और एडिसन के बीच, सालों बाद, श्री एडिसन ने कहा, "वह पहले भी वहां खड़ा था
मुझे, एक साधारण ट्रम्प की तरह लग रही थी, लेकिन उसकी अभिव्यक्ति में कुछ था
चेहरा जिसने इस धारणा को व्यक्त किया कि वह वह पाने के लिए दृढ़ था जो उसके बाद आया था।
मैंने सीखा था, पुरुषों के साथ अनुभव के वर्षों से, कि जब एक आदमी वास्तव में
इतनी गहराई से बात करता है कि वह एक ही बार में अपना पूरा भविष्य दांव पर लगाने को तैयार हो जाता है
क्या आप इस दृश्य में अवधारणाओं से घबराए हुए, अटक गए हैं या हावी हो गए हैं? 16
डिस्कवर कैसे शुरू करने के लिए मुक्त ऑडियो और वीडियो प्रशिक्षण के साथ आगे बढ़ना:
| vvw.think-and-act-rich.com
लगता है और भू रीच ई
पहिया के क्रम में इसे पाने के लिए, वह जीतने के लिए निश्चित है। मैंने उसे मौका दिया
उसने पूछा, क्योंकि मैंने देखा कि उसने सफल होने तक खड़े होने का मन बना लिया था।
बाद की घटनाओं ने साबित कर दिया कि कोई गलती नहीं हुई थी। "
उस समय मि। एडिसन के लिए बस युवा बार्न्स ने जो कहा था, वह कहीं कम था
उससे भी महत्वपूर्ण जो उसने सोचा था। एडिसन, खुद, ऐसा कहा! यह नहीं हो सकता था
युवक की उपस्थिति थी, जिसके लिए उसे एडिसन कार्यालय में अपनी शुरुआत मिली
यह निश्चित रूप से उसके खिलाफ था। यह वही था जो उसने गिना था।
यदि इस कथन का महत्व प्रत्येक व्यक्ति तक पहुँचाया जा सकता है
जो इसे पढ़ता है, उसे इस पुस्तक के शेष होने की कोई आवश्यकता नहीं होगी।
बार्न्स को अपने पहले साक्षात्कार में एडिसन के साथ उनकी साझेदारी नहीं मिली। वह
एडिसन कार्यालयों में काम करने का मौका मिला, बहुत मामूली मजदूरी पर
काम जो एडिसन के लिए महत्वहीन था, लेकिन बार्न्स के लिए सबसे महत्वपूर्ण है, क्योंकि यह
उसे अपना "माल" प्रदर्शित करने का अवसर दिया जहाँ उसका इरादा था
"साथी" इसे देख सकता था।
महीनों बीत गए। स्पष्ट रूप से प्रतिष्ठित लक्ष्य को लाने के लिए कुछ नहीं हुआ
जो बार्न्स ने अपने दिमाग में अपने मुख्य न्यायाधीश के रूप में स्थापित किया था। परंतु
बार्न्स के दिमाग में कुछ महत्वपूर्ण हो रहा था। वह लगातार था
एडिसन के व्यापार सहयोगी बनने के लिए अपनी इच्छा को तीव्र करना।

मनोवैज्ञानिकों ने सही कहा है कि “जब कोई चीज़ के लिए वास्तव में तैयार होता है,
यह अपनी उपस्थिति में डालता है। ”
बार्न्स एडिसन के साथ एक व्यापार संघ के लिए तैयार थे, इसके अलावा, वह
क्या था जो उसे फिर से तैयार किया गया था, जो कि उसे बताया गया था
तलाश कर रहा था।
उसने खुद से नहीं कहा, “आह, क्या फायदा है? मुझे लगता है कि मैं अपने को बदल दूंगा
सेल्समैन की नौकरी के लिए दिमाग लगाओ और प्रयास करो। ”लेकिन, उन्होंने कहा,“ मैं यहाँ जाने के लिए आया था
एडिसन के साथ व्यापार, और यदि यह मेरे शेष को ले जाता है, तो मैं इसे समाप्त करूंगा
जीवन। ”उसका मतलब था! एक अलग कहानी पुरुषों को बताना होगा अगर केवल वे
डेफिनिट PURPOSE को अपनाएगा, और उस समय तक उस उद्देश्य से खड़ा रहेगा
एक सब लेने वाली जुनून बनने के लिए!
शायद युवा बार्न्स को उस समय यह नहीं पता था, लेकिन उनका बुलडॉग
दृढ़ संकल्प, एकल DESIRE के पीछे खड़े होने में उनकी दृढ़ता, नियति थी
सभी विरोध को शांत करने के लिए, और उसे वह अवसर लाएँ जो वह चाह रहा था।
जब अवसर आया, यह एक अलग रूप में, और एक से प्रकट हुआ
बार्न्स से अलग दिशा की उम्मीद थी। यही एक चाल है
अवसर। यह पिछले दरवाजे से फिसलने की एक धूर्त आदत है, और अक्सर यह आता है
दुर्भाग्य, या अस्थायी हार के रूप में प्रच्छन्न। शायद इसीलिए ऐसा है
कई अवसर पहचानने में विफल।
क्या आप इस दृश्य में अवधारणाओं से घबराए हुए, अटक गए हैं या हावी हो गए हैं? 17
डिस्कवर कैसे शुरू करने के लिए मुक्त ऑडियो और वीडियो प्रशिक्षण के साथ आगे बढ़ना:
| vww.think-and-act-rich.com
सोचें और बढ़ेंआपके द्वारा सलेम कॉलेज में दिए गए पते के ई, और मैं
वह अमेरिका के लोगों को आपके द्वारा लाभान्वित होने का अवसर देगा
कई वर्षों का अनुभव और पुरुषों के साथ संबंध जो उनके द्वारा
महानता, ने अमेरिका को पृथ्वी पर सबसे अमीर देश बना दिया है।
"मुझे याद है, जैसे कि यह कल था, अद्भुत विवरण
आपने हेनरी फोर्ड की पद्धति को ध्यान में रखते हुए बहुत कम स्कूली शिक्षा दी।
एक डॉलर के बिना, प्रभावशाली दोस्तों के साथ, महान ऊंचाइयों पर पहुंच गया। मैंने बनाया
मेरे मन में फिर भी, इससे पहले कि आप अपना भाषण समाप्त कर लें, कि मैं करूंगा

क्या आप इस दृश्य में अवधारणाओं से घबराए हुए, अटक गए हैं या हावी हो गए हैं? 27
डिस्कवर कैसे शुरू करने के लिए मुक्त ऑडियो और वीडियो प्रशिक्षण के साथ आगे बढ़ना:
| www.think-and-act-rich.com
यह सोचें और आगे बढ़ें
अपने लिए जगह बनाइए, चाहे मुझे कितनी भी मुश्किलें क्यों न आएँ
बढ़ना।
"इस साल हजारों युवा अपनी स्कूली शिक्षा पूरी करते हैं,
और अगले कुछ वर्षों के भीतर। उनमें से हर एक बस ऐसे ही मांग रहा होगा
व्यावहारिक प्रोत्साहन का संदेश जो मुझे आपसे मिला है। वे
जीवन में शुरू करने के लिए जानना चाहते हैं कि कहां मोड़ना है, क्या करना है। आप
उन्हें गिर सकता है, क्योंकि आपने बहुत सारी समस्याओं को हल करने में मदद की है,
बुहत सारे लोग।
"अगर वहाँ कोई संभव तरीका है कि आप इतना महान रेंडर करने के लिए खर्च कर सकते हैं
एक सेवा, क्या मैं यह सुझाव दे सकता हूं कि आप हर पुस्तक में एक, एक को शामिल करें
हुक के क्रेता के क्रम में, आपके व्यक्तिगत विश्लेषण चार्ट
आप के रूप में संकेत करते हुए एक पूर्ण स्व-इन्वेंट्री का लाभ हो सकता है
मुझे वर्षों पहले संकेत दिया गया था, वास्तव में सफलता के रास्ते में क्या है।
"इस तरह की एक सेवा, आपकी पुस्तक के पाठकों को एक के साथ प्रदान करना
उनके दोषों और उनके गुणों का पूर्ण, निष्पक्ष चित्र, मतलब होगा
उन्हें सफलता और असफलता के बीच का अंतर। सेवा होगी
अमूल्य।
“लाखों लोग अब मंचन की समस्या का सामना कर रहे हैं
वापसी, अवसाद के कारण, और मैं व्यक्तिगत अनुभव से बोलता हूं
जब मैं कहता हूं, मैं जानता हूं कि ये लोग सबसे अच्छे लोगों का स्वागत करेंगे
आप उनकी समस्याओं को बताएं, और समाधान के लिए अपने सुझाव प्राप्त करें।
“आप उन लोगों की समस्याओं को जानते हैं जो आवश्यकता का सामना करते हैं
सब फिर से शुरू। अमेरिका में आज भी हजारों लोग हैं
जो यह जानना चाहते हैं कि वे विचारों की जानकारी पैसे, लोगों में कैसे बदल सकते हैं
जिन्हें बिना वित्त के शुरू करना चाहिए, और अपने नुकसानों की भरपाई करनी चाहिए। अगर
कोई भी उनकी मदद कर सकता है, आप कर सकते हैं।

“यदि आप पुस्तक प्रकाशित करते हैं, तो मैं उस फ़ाइल को पहले कॉपी करना चाहूंगा
प्रेस से आता है, व्यक्तिगत रूप से आपके द्वारा हस्ताक्षरित।
"सबसे अच्छा होने के साथ, मेरा विश्वास करो,"
"भवदीय,
"जेनिंग्स रैंडलॉफ"
क्या आप इस दृश्य में अवधारणाओं से घबराए हुए, अटक गए हैं या हावी हो गए हैं? 28
डिस्कवर कैसे शुरू करने के लिए मुक्त ऑडियो और वीडियो प्रशिक्षण के साथ आगे बढ़ना:
| vww.think-and-act-rich.com

यह सोचें और आगे बढ़ें

अध्याय 2

इच्छा

सभी आरोपों का समापन बिंदु

धन की ओर पहला कदम

जब एडविन सी। बार्न्स ऑरेंज में मालगाड़ी से नीचे चढ़ गए,
एन। जे।, तीस साल से अधिक समय से, वह एक ट्रम्प जैसा दिख सकता है, लेकिन उसके
विचार एक राजा के थे!
चूंकि उन्होंने रेल ट्रैक से लेकर थॉमस ए। एडिसन के कार्यालय तक अपना रास्ता बनाया,
उसका मन काम पर था। उन्होंने एडिसन की मौजूदगी में खुद को खड़ा देखा। उसने सुना
खुद श्री एडिसन से एक कॉन्सुमिंग को पूरा करने के अवसर के लिए पूछ रहे हैं
उसके जीवन की सफलता, व्यवसाय सहयोगी बनने की इच्छा
महान आविष्कारक की।
बार्न्स की इच्छा एक उम्मीद नहीं थी! यह एक इच्छा नहीं थी! यह एक उत्सुक, स्पंदित था
DESIRE, जिसने बाकी सब को पार कर दिया। यह देवता था।
जब वह एडिसन के पास पहुंचे तो यह इच्छा कोई नई बात नहीं थी। यह बार्न्स था '
एक लंबे समय के लिए इच्छा हावी। शुरुआत में, जब इच्छा पहली बार दिखाई दी
उनके दिमाग में, यह हो सकता है, शायद, केवल एक इच्छा थी, लेकिन यह कोई मात्र नहीं था
इच्छा है कि जब वह इसके साथ एडिसन के सामने आए।
कुछ साल बाद, एडविन सी। बार्न्स फिर से एडिसन के सामने खड़े हो गए, उसी में
कार्यालय जहां उन्होंने पहली बार आविष्कारक से मुलाकात की। इस बार उनकी DESIRE का अनुवाद किया गया था
वास्तविकता में। वह एडिसन के साथ व्यापार में था। उसके जीवन के हावी सपने

एक वास्तविकता बन गई थी। आज, बान्र्स को जानने वाले लोग उसकी वजह से ईर्ष्या करते हैं
"तोड़" जीवन उसे उपज दिया। वे उसे अपनी विजय के दिनों में देखते हैं, बिना लिए
उसकी सफलता के कारण की जांच करने में परेशानी।
बान्र्स सफल हुए क्योंकि उन्होंने एक निश्चित लक्ष्य चुना, अपनी सारी ऊर्जा लगा दी,
उसकी सारी शक्ति, उसका सारा प्रयास, सब कुछ उस लक्ष्य के पीछे। वह नहीं बने
एडीसन के साथी जिस दिन वह आए। वह सबसे ज्यादा शुरुआत में संतुष्ट था
जब तक यह एक कदम की ओर भी एक अवसर प्रदान करता है, तब तक मासिक धर्म
उसका पोषित लक्ष्य।
पांच साल उस मौके से पहले गुजरे जब वह चाहने लगा था
उपस्थिति। उन सभी वर्षों के दौरान आशा की एक किरण नहीं, एक भी वादा नहीं
क्या आप इस दृश्य में अवधारणाओं से घबराए हुए, अटक गए हैं या हावी हो गए हैं? 29
डिस्कवर कैसे शुरू करने के लिए मुक्त ऑडियो और वीडियो प्रशिक्षण के साथ आगे बढ़ना:
| vww.think-and-gct-rich.com
यह सोचें और आगे बढ़ें
उसकी DESIRE की प्राप्ति के लिए उसे आयोजित किया गया था। खुद को छोड़कर, सभी को
वह एडीसन में केवल एक और दलदल में दिखाई दियाव्यापार पहिया, लेकिन अपने स्वयं के मन में,
वह इस समय से हर किसी की कुल आयु का भागीदार था
उस दिन वह पहली बार वहाँ काम करने गया था।
यह DEFINITE DESIRE की शक्ति का एक उल्लेखनीय चित्रण है। बान्र्स
अपने लक्ष्य को जीता, क्योंकि वह श्री एडिसन का एक व्यावसायिक सहयोगी बनना चाहता था, और अधिक
इससे ज्यादा उसे कुछ और चाहिए था। उसने एक योजना बनाई जिसके द्वारा उस उद्देश्य को प्राप्त किया जा सके।
लेकिन उन्होंने सभी ब्राह्मणों को अपना नाम दिया।
वह अपनी DESIRE द्वारा तब तक खड़ा रहा जब तक कि यह उसका जुनून नहीं बन गया
जीवन - और - आखिरकार, एक तथ्य।
जब वह ऑरेंज के पास गया, तो उसने खुद से नहीं कहा, “मैं प्रेरित करने की कोशिश करूंगा
एडिसन मुझे कुछ सॉफ्ट की नौकरी देने के लिए। ” उन्होंने कहा, “ मैं एडिसन को देखूंगा, और उसे लगाऊंगा
ध्यान दें कि मैं उसके साथ व्यापार में आया हूँ।
उन्होंने यह नहीं कहा, “मैं कुछ महीनों के लिए वहाँ काम करूँगा, और अगर मुझे नहीं मिलेगा
प्रोत्साहन, मैं नौकरी छोड़कर कहीं और जाऊंगा। "उन्होंने कहा," मैं शुरू करूंगा
कहीं भी। मैं कुछ भी करूँगा एडीसन मुझे करने के लिए कहता है, लेकिन इससे पहले कि मैं इसके माध्यम से, मैं करूँगा

उसका सहयोगी बनो।"

उन्होंने कहा, "मैं एक और अवसर के लिए, मामले में अपनी आँखें खुली रखूंगा।" मैं एडिसन संगठन में जो चाहता हूं वह पाने में असफल रहा। "उन्होंने कहा," लेकिन एक है इस दुनिया में जो मैं करने के लिए निर्धारित है, और वह एक व्यवसाय है थॉमस ए। एडिसन के साथ सहयोग। मैं अपने पीछे सभी पुलों, और हिस्सेदारी को जला दूंगा मैं जो चाहता हूं उसे पाने की अपनी क्षमता पर मेरा पूरा ध्यान रखें। "

उन्होंने खुद को पीछे हटने का कोई संभव तरीका नहीं छोड़ा। उसे जीतना था या नाश होना था!

यही कारण है कि सफलता की बार्न्स कहानी है! बहुत समय पहले, एक महान योद्धा को एक ऐसी स्थिति का सामना करना पड़ा जिसने उसके लिए निर्णय लेना आवश्यक बना दिया जिसने युद्ध के मैदान में अपनी सफलता का बीमा किया। वह अपनी सेनाएँ भेजने वाला था एक शक्तिशाली शत्रु के विरुद्ध, जिसके आदमियों ने खुद को मार डाला। उसने अपने सैनिकों को उतारा नावों में, दुश्मन के देश के लिए रवाना, अनलोड सैनिकों और उपकरणों, फिर उन जहाजों को जलाने का आदेश दिया जो उन्हें ले गए थे। अपने आदमियों को संबोधित करते हुए पहली लड़ाई से पहले, उन्होंने कहा, "आप देखते हैं कि नौकाएँ धुएँ में ऊपर जा रही हैं। इसका मत जब तक हम जीत नहीं जाते तब तक हम इन तटों को जीवित नहीं छोड़ सकते हैं! अब हमारे पास कोई विकल्प नहीं है- हम जीतते हैं, या हम नाश होते हैं! वे जीत गए।

प्रत्येक व्यक्ति जो किसी भी उपक्रम में जीतता है, उसे जलाने के लिए तैयार होना चाहिए जहाजों और पीछे हटने के सभी स्रोतों में कटौती। केवल इतना करके ही कोई भी निश्चित हो सकता है मन की उस स्थिति को बनाए रखना, जिसे जीतना आवश्यक है, आवश्यक है सफलता के लिए।

क्या आप इस दृश्य में अवधारणाओं से घबराए हुए, अटक गए हैं या हावी हो गए हैं? 30 डिस्कवर कैसे शुरू करने के लिए मुक्त ऑडियो और वीडियो प्रशिक्षण के साथ आगे बढ़ना:

| vww.think-and-act-rich.com | i

सोचें और बढ़ें

महान शिकागो आग के बाद सुबह, व्यापारियों का एक समूह खड़ा था स्टेट स्ट्रीट, स्मोकिंग को देखते हुए कि उनके स्टोर क्या थे। वे यह तय करने के लिए एक सम्मेलन में गए कि क्या वे पुनर्निर्माण करने की कोशिश करेंगे, या शिकागो छोड़ देंगे और देश के एक अधिक आशाजनक अनुभाग में शुरू करें। वे ए तक पहुंच गए निर्णय-एक को छोड़कर सभी-शिकागो छोड़ने के लिए।

जिस व्यापारी ने रहने और पुनर्निर्माण का फैसला किया, उसने उंगली उठाई

उसके स्टोर के अवशेष, और कहा, "सज्जनों, उसी मौके पर मैं निर्माण करूंगा
दुनिया का सबसे बड़ा स्टोर, चाहे वह कितनी भी बार जल जाए। ”
यह पचास साल पहले की तुलना में अधिक था। स्टोर बनाया गया था। यह वहाँ खड़ा है
आज, मन की उस स्थिति की शक्ति के लिए एक विशाल स्मारक
दमति इच्छा। मार्शल फील्ड के लिए आसान काम होता, होता
उनके साथी व्यापारियों ने ठीक वैसा ही किया। जब जाना कठिन था, और
भविष्य निराशाजनक दिख रहा है, वे खिंच गए और जहां जाना आसान लग रहा था, वहां चले गए।
मार्शल फील्ड और अन्य व्यापारियों के बीच इस अंतर को अच्छी तरह से चिह्नित करें,
क्योंकि यह वही अंतर है जो एडविन सी। बार्न्स से अलग है
हजारों अन्य युवक जिन्होंने एडिसन संगठन में काम किया है। यह है
वही अंतर जो व्यावहारिक रूप से उन सभी को अलग करता है जो उन लोगों से सफल होते हैं
कौन विफल।
प्रत्येक मनुष्य जो उद्देश्य को समझने की उम्र तक पहुँचता है
पैसे की, इसके लिए शुभकामनाएं। चाहने से धन की प्राप्ति नहीं होगी। लेकिन एक के साथ धन की इच्छा
मन की स्थिति जो एक जुनून बन जाती है, फिर निश्चित तरीके और साधन की योजना बनाना
धन प्राप्त करने के लिए, और दृढ़ता के साथ उन योजनाओं का समर्थन करना जो नहीं करता है
विफलता को पहचानो, धन लाएगा।
वह विधि जिसके द्वारा धन के लिए DESIRE को इसके में प्रसारित किया जा सकता है
वित्तीय समतुल्य, छह निश्चित, व्यावहारिक कदम, अर्थात:
प्रथम। अपने दिमाग में तय करें कि आपके पास कितना पैसा है
इच्छा। केवल यह कहना पर्याप्त नहीं है कि "मुझे भरपूर धन चाहिए।"
राशि के रूप में निश्चित। (इसका एक मनोवैज्ञानिक कारण है
निश्चितता जो बाद के अध्याय में वर्णित होगी)।
दूसरा। निर्धारित करें कि आप बदले में क्या देने का इरादा रखते हैं
आपकी इच्छा के पैसे के लिए। (ऐसी कोई वास्तविकता नहीं है "कुछ के रूप में"
मुफ्त में।)
तीसरा। जब आप अपने पास रखने का इरादा रखते हैं तो एक निश्चित तारीख तय करें
आपकी इच्छा के पैसे।
क्या आप इस दृश्य में अवधारणाओं से घबराए हुए, अटक गए हैं या हावी हो गए हैं? ३ १
डिस्कवर कैसे शुरू करने के लिए मुक्त ऑडियो और वीडियो प्रशिक्षण के साथ आगे बढ़ना:

| vww.think-and-act-rich.com--
सोचें और बढ़ें

चौथा। अपनी इच्छा को पूरा करने के लिए एक निश्चित योजना बनाएं, और onc से शुरू करेंई, आप इस योजना को लागू करने के लिए तैयार हैं या नहीं कार्रवाई में।

पांचवें। की स्पष्ट, संक्षिप्त विवरण लिखें पैसा जो आप प्राप्त करना चाहते हैं, उसके लिए समय सीमा को नाम दें अधिग्रहण, राज्य जो आप पैसे के बदले में देने का इरादा रखते हैं, और उस योजना का स्पष्ट रूप से वर्णन करें जिसके माध्यम से आप इरादा करना चाहते हैं इसे जमा करो।

छठी। अपने लिखित कथन को जोर से पढ़ें, दो बार दैनिक, एक बार रात में रिटायर होने से पहले, और एक बार सुबह उठने के बाद। आप के रूप में पढ़ें - देखें और महसूस करें और अपने आप को प्राप्त करें धन की स्थिति में पहले से ही।

यह महत्वपूर्ण है कि आप इन छह चरणों में वर्णित निर्देशों का पालन करें। यह विशेष रूप से महत्वपूर्ण है कि आप निरीक्षण करें, और निर्देशों का पालन करें छठा पैराग्राफ। आप शिकायत कर सकते हैं कि आपके लिए "खुद को देखना असंभव है।" पैसे के कब्जे में "इससे पहले कि आप वास्तव में यह है। यहां एक बर्निंग है DESIRE आपकी सहायता के लिए आएगा। यदि आप वास्तव में बहुत उत्सुकता से पैसे की इच्छा रखते हैं तो यह कि आपका इच्छा एक जुनून है, आपको खुद को यह समझाने में कोई कठिनाई नहीं होगी कि आप इसे हासिल कर लेंगे। वस्तु को पैसा चाहिए, और इसके लिए दृढ़ संकल्पित होना चाहिए यह है कि आप अपने आप को आप यह होगा विश्वास है।

केवल जो "धन सचेत" हो जाते हैं वे कभी भी महान धन जमा करते हैं। "धन चेतना" का अर्थ है कि मन इतनी अच्छी तरह से संतृप्त हो गया है पैसे के लिए DESIRE के साथ, कि कोई व्यक्ति पहले से ही अपने आप को अपने कब्जे में देख सकता है।

निर्विवाद रूप से, जिनके काम के सिद्धांतों में स्कूल नहीं गया है मानव मन, ये निर्देश अव्यावहारिक दिखाई दे सकते हैं। यह मददगार हो सकता है सभी जो छह चरणों की ध्वनि को पहचानने में विफल हैं, यह जानने के लिए कि ए जानकारी जो वे बताती हैं, एंड्रयू कार्नेगी से प्राप्त हुई थी, जो एक के रूप में शुरू हुई थी स्टील मिलों में साधारण मजदूर, लेकिन अपनी विनम्र शुरुआत के बावजूद कामयाब रहे,

इन सिद्धांतों को बनाने के लिए उसे एक से अधिक का सौभाग्य प्राप्त होता है
सौ मिलियन डॉलर।
यह जानने में और मदद हो सकती है कि यहाँ छह चरणों की सिफारिश की गई थी
स्वर्गीय थॉमस ए. एडिसन द्वारा सावधानीपूर्वक जांच की गई, जिन्होंने अपनी मुहर लगाई
क्या आप इस दृश्य में अवधारणाओं से घबराए हुए, अटक गए हैं या हावी हो गए हैं? 32
डिस्कवर कैसे शुरू करने के लिए मुक्त ऑडियो और वीडियो प्रशिक्षण के साथ आगे बढ़ना:
| vww.think-and-act-rich.com
लगता है और भू रीच ई
के रूप में उन पर अनुमोदन, न केवल संचय के लिए आवश्यक कदम
किसी निश्चित लक्ष्य की प्राप्ति के लिए धन, लेकिन आर्थिक सहायता।
कदम "कठिन परिश्रम" के लिए कहते हैं। वे बिना किसी बलिदान के कहते हैं। वे नहीं
हास्यास्पद, या विश्वसनीय बनने के लिए एक की आवश्यकता होती है। उन्हें लागू करने के लिए कोई महान के लिए कॉल
शिक्षा की मात्रा। लेकिन इन छह चरणों का सफल अनुप्रयोग कॉल करता है
पर्याप्त कल्पनाशील आयन को देखने, और समझने में सक्षम बनाने के लिए, कि
धन का संचय संयोग, सौभाग्य और भाग्य को नहीं छोड़ा जा सकता है। एक
महसूस करना चाहिए कि सभी जिन्होंने महान भाग्य संचित किया है, पहले एक निश्चित किया
सपने देखने, आशा करने, इच्छा करने, इच्छा करने और उनसे पहले की योजना की मात्रा
पैसा कमाया।
तुम्हें पता है, यहीं हो सकता है, कि तुम महान में धन कभी नहीं हो सकता
मात्रा, UNLESS के लिए आप अपने आप को DESIRE की सफेद गर्मी में काम कर सकते हैं
पैसा, और वास्तव में विश्वास है कि आप इसके अधिकारी होंगे।
आप यह भी जान सकते हैं, कि हर महान नेता, भोर से
सभ्यता वर्तमान तक, एक सपने देखने वाला था। ईसाई धर्म सबसे महान है
आज दुनिया में संभावित शक्ति, क्योंकि इसके संस्थापक एक गहन स्वप्नदृष्टा थे
जिनके पास अपने मानसिक और वास्तविकताओं को देखने की दृष्टि और कल्पना थी
आध्यात्मिक रूप से पहले उन्हें भौतिक रूप में प्रसारित किया गया था।
यदि आप अपनी कल्पना में महान धन नहीं देखते हैं, तो आप उन्हें कभी नहीं देख पाएंगे
आपके बैंक बैलेंस में।
कभी नहीं, अमेरिका के इतिहास में इतना महान अवसर मिला है
व्यावहारिक सपने देखने वालों के लिए अब मौजूद है। छह साल का आर्थिक पतन कम हुआ है

सभी पुरुषों, काफी हद तक एक ही स्तर पर। एक नई दौड़ चलने वाली है। दांव विशाल भाग्य का प्रतिनिधित्व करते हैं जो अगले दस वर्षों के भीतर जमा हो जाएगा। दौड़ के नियम बदल गए हैं, क्योंकि अब हम एक परिवर्तन में रहते हैं दुनिया जो निश्चित रूप से जनता का पक्षधर है, जिनके पास बहुत कम या नहीं था अवसाद के दौरान मौजूदा स्थितियों के तहत जीतने का अवसर, जब डर विकास और विकास को पंगु बना देता है।

हम जो धन के लिए इस दौड़ में हैं, यह जानने के लिए प्रोत्साहित किया जाना चाहिए कि यह बदली हुई दुनिया जिसमें हम रहते हैं नए विचारों, नए तरीकों की मांग कर रहे हैं चीजें, नए नेता, नए आविष्कार, शिक्षण के नए तरीके, नए तरीके मार्केटिंग, नई किताबें, नया साहित्य, रेडियो के लिए नई सुविधाएँ, नए विचार चलचित्र। इस नई और बेहतर चीजों की मांग के पीछे एक है वह गुणवत्ता जो किसी के पास होनी चाहिए, और वह निश्चितता है PURPOSE, जो चाहता है उसका ज्ञान और पास होने के लिए एक जलती हुई इच्छा यह।

क्या आप इस दृश्य में अवधारणाओं से घबराए हुए, अटक गए हैं या हावी हो गए हैं? 33 डिस्कवर कैसे शुरू करने के लिए मुक्त ऑडियो और वीडियो प्रशिक्षण के साथ आगे बढ़ना:

| vww.think-and-act-rich.com | i

लगता है और भू रीच ई

व्यावसायिक अवसाद ने एक उम्र, और जन्म के समय की मृत्यु को चिह्नित किया एक और। इस बदली हुई दुनिया के लिए जरूरी हैअल सपने देखने वालों, और डाल सकते हैं उनके सपने एक्शन में। व्यावहारिक सपने देखने वाले हमेशा से रहे हैं, और हमेशा सभ्यता के प्रतिरूप निर्माता होंगे।

हम जो धन संचय करना चाहते हैं, उसे असली नेताओं को याद रखना चाहिए दुनिया हमेशा ऐसे पुरुषों की रही है, जिन्होंने इसका इस्तेमाल किया, और व्यावहारिक रूप से इस्तेमाल किया अमूर्त अवसर की अमूर्त, अनदेखी ताकतें, और उन लोगों को बदल दिया है सेना, [या विचार के आवेगों, आकाश-स्क्रेपर्स, शहरों, कारखानों, हवाई जहाजों में, ऑटोमोबाइल, और सुविधा के हर रूप जो जीवन को और अधिक सुखद बनाता है। सहिष्णुता, और एक खुले दिमाग के सपने देखने वाले की व्यावहारिक आवश्यकताएं हैं आज। जो लोग नए विचारों से डरते हैं वे शुरू होने से पहले बर्बाद हो जाते हैं। कभी नहीं वर्तमान की तुलना में अग्रदूतों के लिए अधिक अनुकूल समय आ गया है। सच है, वहाँ है

कोई जंगली और ऊनी पश्चिम पर विजय प्राप्त करने के लिए, जैसा कि कवर्ड वैगन के दिनों में;
लेकिन वहाँ एक विशाल व्यापार, वित्तीय, और औद्योगिक दुनिया में remoulded और है
नई और बेहतर लाइनों के साथ पुनर्निर्देशित।
धन के अपने हिस्से को प्राप्त करने की योजना में, आपको कोई भी प्रभावित नहीं होने देगा
सपने देखने वाले को डांटे। इस बदली हुई दुनिया में बड़े दांव जीतने के लिए, आपको पकड़ना होगा
अतीत के महान अग्रदूतों की भावना, जिनके सपनों ने दी है
सभ्यता वह सब है जिसका मूल्य है, वह आत्मा जो हमारे जीवन के रक्त के रूप में कार्य करती है
अपने देश-अपने अवसर और मेरा, हमारी प्रतिभाओं को विकसित करने और विपणन करने के लिए।
हमें नहीं भूलना चाहिए, कोलंबस ने एक अज्ञात दुनिया का सपना देखा था, उसका मंचन किया
ऐसी दुनिया के अस्तित्व पर जीवन, और इसे खोजा!
महान खगोलशास्त्री कोपर्निकस ने दुनिया की बहुलता का सपना देखा था,
और उन्हें पता चला! उसके बाद किसी ने भी उसे अव्यावहारिक नहीं ठहराया "
जीत हासिल की। इसके बजाय, दुनिया ने उनके मंदिर में पूजा की, इस प्रकार एक बार फिर साबित हुई
कि "सफलता की संभावनाएं नहीं होती हैं, असफलताएं नहीं होती हैं। '
यदि आप जो काम करना चाहते हैं वह सही है, और आप इस पर विश्वास करते हैं, तो आगे बढ़ें और यह करें!
यदि आप के साथ मिलते हैं तो अपने सपने को पूरा करें और कभी भी "वे" न कहें
अस्थायी हार, "वे" के लिए, शायद, यह नहीं जानते कि हर विफलता
एक अलग सफलता के बीज के साथ यह लाता है।
हेनरी फोर्ड, गरीब और अशिक्षित, एक हॉर्सलेस गाड़ी का सपना देखते थे
पक्ष में अवसर की प्रतीक्षा किए बिना, उसके पास कौन से उपकरण हैं, उसके साथ काम करना
उसे, और अब उसके सपने का सबूत पूरी पृथ्वी पर है। उसने और डाल दिया है
किसी भी आदमी की तुलना में ऑपरेशन में पहिये जो कभी रहते थे, क्योंकि वह डरता नहीं था
अपने सपनों को वापस।
थॉमस एडिसन ने एक दीपक का सपना देखा, जिसे बिजली द्वारा संचालित किया जा सकता है,
शुरू किया जहां वह अपने सपने को हरकत में लाने के लिए खड़ा था, और दस से अधिक होने के बावजूद
क्या आप इस दृश्य में अवधारणाओं से घबराए हुए, अटक गए हैं या हावी हो गए हैं? 34
डिस्कवर कैसे शुरू करने के लिए स्वतंत्र ऑडियो और वीडियो प्रशिक्षण के साथ आगे बढ़ना:
| www.think-and-act-rich.com
यह सोचें और आगे बढ़ें
हजार असफलताएं, वह उस सपने से तब तक खड़ा रहा जब तक उसने इसे एक भौतिक वास्तविकता नहीं बना दिया।

व्यावहारिक सपने देखने वालों को नहीं!

व्हेलन ने सिगार की दुकानों की एक श्रृंखला का सपना देखा, अपने सपने को बदल दिया कार्रवाई, और अब संयुक्त सिगार स्टोर्स अमेरिका में सबसे अच्छे कोनों पर कब्जा कर लेते हैं।

लिंकन ने काले गुलामों के लिए आजादी का सपना देखा, अपने सपने को पूरा किया एक्शन, और बमुश्किल एक संयुक्त उत्तर और दक्षिण को देखने के लिए जीवित रहना याद आता है वास्तविकता में सपना।

राइट बंधुओं ने एक ऐसी मशीन का सपना देखा जो हवा से उड़ती हो।

अब कोई भी दुनिया भर में सबूत देख सकता है, कि उन्होंने स्वप्न देखा।

मार्कोनी ने अमूर्त ताकतों के दोहन के लिए एक प्रणाली का सपना देखा ईथर। ऐसा साक्ष्य जो उसने व्यर्थ में नहीं देखा, हर वायरलेस में पाया जा सकता है और दुनिया में रेडियो। इसके अलावा, मार्कोनी का सपना हंबल केबिन लेकर आया, और सबसे आलीशान मनोर घर अगल-बगल। इसने हर लोगों को अपना बना लिया पृथ्वी बैक-डोर पड़ोसियों पर राष्ट्र। इसने अमेरिका के राष्ट्रपति को ए वह माध्यम जिसके द्वारा वह एक समय में अमेरिका के सभी लोगों से बात कर सकता है अल्प अवधि सूचना। यह जानने में आपकी रुचि हो सकती है कि मार्कोनी के "दोस्त" उसे ले गए थे हिरासत में, और एक मनोरोगी अस्पताल में जांच की, जब उसने घोषणा की ने एक सिद्धांत खोजा था जिसके माध्यम से वह संदेश भेज सकता था हवा, तारों की सहायता के बिना, या संचार के अन्य प्रत्यक्ष भौतिक साधन।

आज के सपने देखने वाले बेहतर फील करते हैं।

दुनिया नई खोजों की आदी हो गई है। नहीं, यह दिखाया गया है सपने देखने वाले को पुरस्कृत करने की इच्छा जो दुनिया को एक नया विचार देता है।

"सबसे बड़ी उपलब्धि थी, पहली बार में, और एक समय के लिए, लेकिन एक सपना।"

"ओक बलूत में सोता है। पक्षी अंडे में इंतजार करता है, और उच्चतम में आत्मा की दृष्टि, एक जाग्रत स्वर्गदूत की सीढ़ियाँ। सपने देखने के बीज हैं वास्तविकता।"

जाग, उठो, और अपने आप को, तुम दुनिया के सपने देखने वालों पर जोर देते हो। आपका सितारा है अब आरोही में। विश्व अवसाद आपके लिए अवसर लेकर आया इंतजार कर रहा था। इसने लोगों को विनम्रता, सहिष्णुता और खुले दिमाग की शिक्षा दी।

दुनिया में प्रचुर मात्रा में ओपिनिटी है जो भरी हुई है अतीत के सपने देखने वाले कभी नहीं जानते थे।

एक सावधान रहने की इच्छा है, और से शुरू करने के लिए बिंदु है
जिसे सपने देखने वाले को उतारना चाहिए। सपने उदासीनता, आलस्य से पैदा नहीं होते हैं,
या महत्वाकांक्षा की कमी।
दुनिया अब सपने देखने वाले को न तो डांटती है, न ही बुलाती हैim अव्यावहारिक। अगर
आपको लगता है कि यह करता है, टेनेसी के लिए एक यात्रा ले लो, और गवाह एक सपने देखने वाले राष्ट्रपति
क्या आप इस दृश्य में अवधारणाओं से घबराए हुए, अटक गए हैं या हावी हो गए हैं? 35
डिस्कवर कैसे शुरू करने के लिए मुक्त ऑडियो और वीडियो प्रशिक्षण के साथ आगे बढ़ना:
| vww.think-and-act-rich.com
यह सोचें और आगे बढ़ें
अमेरिका की महान जल शक्ति का उपयोग करने और दोहन करने के तरीके से किया गया है।
सालों पहले का स्कोर, ऐसा सपना पागलपन जैसा लगता होगा।
आपको निराशा हुई है, आपको हार के दौरान हार का सामना करना पड़ा है
अवसाद, आपने महसूस किया है कि जब तक आप खून नहीं बहाते हैं, तब तक आप उसके भीतर के महान हृदय को महसूस करते
हैं। लेना
साहस, इन अनुभवों के लिए आप किस आध्यात्मिक धातु को तोड़ते हैं
बने हैं- वे अतुलनीय मूल्य की संपत्ति हैं।
यह भी याद रखें, कि जीवन में सफल होने वाले सभी लोग बुरी शुरुआत से गुजरते हैं, और गुजरते हैं
कई दिल तोड़ने वाले संघर्षों के माध्यम से वे आने से पहले "मोड़"
जो लोग सफल होते हैं, उनके जीवन में आमतौर पर कुछ संकट आते हैं,
जिसके माध्यम से उन्हें अपने "अन्य स्वयं" से परिचित कराया जाता है।
जॉन बयन ने पिलग्रिम की प्रगति लिखी, जो सभी के बीच सबसे अच्छा है
अंग्रेजी साहित्य, जेल में बंद होने और सज़ा के बाद,
धर्म के विषय पर उनके विचारों के कारण।
0. हेनरी ने जीनियस की खोज की जो उसके मस्तिष्क के भीतर सोया था, उसके बाद वह था
बड़े दुर्भाग्य के साथ मिले, और ओहियो के कोलंबस में जेल की कोठरी में कैद हो गए।
FORCED होने के नाते, दुर्भाग्य के माध्यम से, अपने "अन्य स्वयं" से परिचित होने के लिए,
और अपनी कल्पना का उपयोग करने के लिए, उन्होंने खुद को एक महान लेखक होने की खोज की
एक दुखी अपराधी और बहिष्कार के बजाय। अजीब और विविध के तरीके हैं
जीवन और अजनबी अभी भी अनंत इंटेलिजेंस के तरीके हैं, जिसके माध्यम से पुरुष
कभी-कभी अपनी खोज से पहले सभी प्रकार के दंड से गुजरना पड़ता है

खुद के दिमाग, और कल्पना के माध्यम से उपयोगी विचारों को बनाने की अपनी क्षमता।
एडिसन, दुनिया के सबसे बड़े आविष्कारक और वैज्ञानिक, "ट्रम्प" थे
टेलीग्राफ ऑपरेटर, वह इससे पहले कि वह चला गया था, असंख्य बार असफल रहा
प्रतिभा की खोज जो उसके मस्तिष्क के भीतर सोया था।
चार्ल्स डिकेंस ने ब्लैकिंग पॉट्स पर लेबल चिपकाने से शुरुआत की। की त्रासदी
उसका पहला प्यार उसकी आत्मा की गहराई में घुस गया, और उसे एक में बदल दिया
दुनिया के वास्तव में महान लेखक। उस त्रासदी का उत्पादन, पहले, डेविड कॉपरफील्ड,
फिर अन्य कार्यों का एक उत्तराधिकार, जिसने इसे सभी के लिए एक समृद्ध और बेहतर दुनिया बना दिया
जिसने अपनी किताबें पढ़ीं। आमतौर पर प्रेम संबंधों पर निराशा होती है
पीने के लिए पुरुषों को ड्राइविंग, और महिलाओं को बर्बाद करने के लिए; और यह, क्योंकि ज्यादातर लोग कभी नहीं
एक के सपनों में उनकी सबसे मजबूत भावनाओं को प्रसारित करने की कला सीखें
रचनात्मक प्रकृति।
हेलेन केलर जन्म के कुछ समय बाद ही बहरी, गूंगी और अंधी हो गई थी। उसके बावजूद
सबसे बड़ा दुर्भाग्य, उसने अपना नाम अमिट रूप से पन्नों में लिख दिया है
महान का इतिहास। उसके पूरे जीवन ने सबूत के रूप में सेवा की है कि कोई भी कभी भी नहीं है
हार को तब तक हराया जाता है जब तक कि इसे हकीकत के रूप में स्वीकार नहीं किया जाता।
क्या आप इस दृश्य में अवधारणाओं से घबराए हुए, अटक गए हैं या हावी हो गए हैं? 36
डिस्कवर कैसे शुरू करने के लिए मुक्त ऑडियो और वीडियो प्रशिक्षण के साथ आगे बढ़ना:
| www.think-and-act-rich.com
लगता है और भू रीच ई
रॉबर्ट बर्न्स एक अनपढ़ देश बालक था, वह गरीबी से अभिशप्त था, और
बड़ा होकर एक शराबी बन गया। दुनिया उसके लिए बेहतर बनी थी
जी रहा है, क्योंकि उन्होंने कविता में सुंदर विचार रखे हैं, और इसी तरह
एक कांटा चुराया और उसकी जगह एक गुलाब लगाया।
बुकर टी। वाशिंगटन का जन्म गुलामी में हुआ था, जो दौड़ से विकलांग थे और
रंग। क्योंकि वह सहनशील था, हर समय, सभी विषयों पर, और
एक सपने देखने वाला था, उसने एक पूरी दौड़ के लिए अपने प्रभाव को छोड़ दिया।
बीथोवेन बहरा था, मिल्टन अंधा था, लेकिन उनके नाम लंबे समय तक रहेंगे
समय समाप्त होता है, क्योंकि उन्होंने सपने देखे और अपने सपनों को व्यवस्थित किया
विचार।

अगले अध्याय में जाने से पहले, अपने मन में आग लगा लें
आशा, विश्वास, साहस और सहनशीलता। यदि आपके पास इन मन की स्थिति है, और ए
वर्णित सिद्धांतों का काम कर रहे ज्ञान, बाकी सब जो आपको चाहिए
आप के लिए, जब आप इसके लिए तैयार हैं। बता दें कि एमर्सन ने इन पर विचार किया है
शब्द, "हर कहावत, हर किताब, हर अलंकार जो सहायता के लिए तुम्हारा है
और आराम निश्चित रूप से खुले या घुमावदार मार्ग के माध्यम से घर आएगा। प्रत्येक
वह मित्र, जिसे तेरा विलक्षण इच्छा नहीं है, परन्तु तुझ में महान और कोमल आत्मा है,
आपको उसके आलिंगन में बंद कर देगा।
किसी चीज़ के लिए WISHING और READY होने के बीच अंतर है
इसे प्राप्त। कोई भी चीज़ के लिए तैयार नहीं है, जब तक वह मानता है कि वह इसे हासिल कर सकता है। राज्य
मन का विश्वास होना चाहिए, न कि केवल आशा या इच्छा। खुलापन जरूरी है
विश्वास के लिए। बंद दिमाग विश्वास, साहस और विश्वास को प्रेरित नहीं करता है।
याद रखें, जीवन में उच्च उद्देश्य की मांग करने के लिए और अधिक प्रयास की आवश्यकता नहीं है
बहुतायत और समृद्धि, दुख और गरीबी को स्वीकार करने के लिए आवश्यक है। ए
महान कवि ने इन पंक्तियों के माध्यम से इस सार्वभौमिक सत्य को सही ढंग से बताया है:
"मैं एक पैसा के लिए जीवन के साथ सौदेबाजी,
और जीवन का भुगतान नहीं होगा,
हालाँकि मैं शाम को भीख माँगता था
जब मैंने अपनी मेहँदी की गिनती की ।।
"जीवन के लिए एक अन्यायपूर्ण नियोक्ता है,वह तुम्हें वही देता है जो तुम माँगते हो,
लेकिन एक बार जब आप मजदूरी निर्धारित कर लेते हैं,
क्यों, आपको कार्य करना होगा।
"मैंने एक मासिक किराया के लिए काम किया,
क्या आप इस दृश्य में अवधारणाओं से घबराए हुए, अटक गए हैं या हावी हो गए हैं? 37
डिस्कवर कैसे शुरू करने के लिए मुक्त ऑडियो और वीडियो प्रशिक्षण के साथ आगे बढ़ना:
| vww.think-and-act-rich.com
यह सोचें और आगे बढ़ें
केवल सीखने के लिए, विघटित,
मैंने जीवन से जो भी मजदूरी मांगी थी,
जीवन स्वेच्छा से भुगतान करना होगा। ”

DESIRE OUTWITS MOTHER NATURE

इस अध्याय के लिए एक उपयुक्त चरमोत्कर्ष के रूप में, 1 सबसे अधिक में से एक को पेश करना चाहता है असामान्य व्यक्ति जिन्हें मैंने कभी जाना है। मैंने पहली बार उसे चौबीस साल पहले देखा था, कुछ उसके पैदा होने के कुछ मिनट बाद। वह बिना किसी भौतिक चिन्ह के दुनिया में आया कान, और डॉक्टर ने स्वीकार किया, जब एक राय के लिए दबाया गया, कि बच्चा हो सकता है बहरा हो, और जीवन के लिए मूक हो।

मैंने डॉक्टर की राय को चुनौती दी। मुझे ऐसा करने का अधिकार था, मैं बच्चे का था पिता। मैं भी एक निर्णय पर पहुँच गया, और एक राय प्रस्तुत की, लेकिन मैंने व्यक्त की चुपचाप, अपने दिल की गोपनीयता में राय। मैंने तय किया कि मेरा बेटा होगा सुनो और बोलो। प्रकृति मुझे कानों के बिना एक बच्चा भेज सकती है, लेकिन प्रकृति नहीं कर सकती मुझे दुःख की वास्तविकता को स्वीकार करने के लिए प्रेरित करें।

अपने मन में मैं जानता था कि मेरा बेटा सुनता और बोलता था। कैसे? मैं था यकीन है कि वहाँ एक रास्ता होना चाहिए, और मुझे पता था कि मैं इसे पा लूंगा। मैं के शब्दों के बारे में सोचा अमर इमर्सन, "चीजों का पूरा पाठ्यक्रम हमें विश्वास सिखाने के लिए जाता है। हम केवल आज्ञा का पालन करना चाहिए।

हम में से प्रत्येक के लिए मार्गदर्शन है, और नीच सुनने से, हम सुनेंगे सही शब्द।"

सही शब्द? इच्छा! किसी और चीज से ज्यादा, मैंने चाहा कि मेरी बेटा बहरा मूक नहीं होना चाहिए। उस इच्छा से मैं कभी भी पीछे नहीं हटता, एक सेकंड के लिए भी नहीं।

कई साल पहले, मैंने लिखा था, "हमारी एकमात्र सीमाएं हम हैं अपने स्वयं के दिमाग में स्थापित करें।"पहली बार, मुझे आश्चर्य हुआ कि क्या वह बयान था सच। मेरे सामने बिस्तर पर लेटना एक नवजात बच्चा था, प्राकृतिक के बिना सुनने के उपकरण। भले ही वह सुन और बोल सकता है, वह स्पष्ट रूप से था जीवन के लिए विघटित। निश्चित रूप से, यह एक सीमा थी, जिसे उस बच्चे ने स्थापित नहीं किया था उसका अपना मन।

मैं इसके बारे में क्या कर सकता था? किसी तरह मैं प्रत्यारोपण करने के लिए एक रास्ता मिल जाएगा उस बच्चे का दिमाग मेरे खुद के दिमाग के तरीके और संदेश देने के तरीकों के लिए है कानों की सहायता के बिना उसके मस्तिष्क को ध्वनि।

क्या आप इस दृश्य में अवधारणाओं से घबराए हुए, अटक गए हैं या हावी हो गए हैं? 38 डिस्कवर कैसे शुरू करने के लिए मुक्त ऑडियो और वीडियो प्रशिक्षण के साथ आगे बढ़ना:

| vww.think-and-act-rich.com

यह सोचें और आगे बढ़ें

जैसे ही बच्चा सहयोग के लिए बूढ़ा होता, मैं उसका मन भर लेता
पूरी तरह से सुनने के तरीके के साथ, यह प्रकृति के तरीकों से होगा
उसका अपना, उसे भौतिक वास्तविकता में बदलना।
यह सब सोच मेरे मन में हुई, लेकिन मैंने इसे किसी से नहीं कहा।
हर दिन मैंने अपने पास की गई प्रतिज्ञा को नवीनीकृत किया, न कि एक बधिर मूक को स्वीकार करने के लिए
एक बेटे के लिए।
जैसे-जैसे वह बड़ा होता गया, और अपने आस-पास की चीजों पर ध्यान देने लगा, हम
देखा गया कि उनके पास सुनने की थोड़ी सी डिग्री थी। वह उम्र में कब पहुंचा
बच्चे आमतौर पर बात करना शुरू करते हैं, उन्होंने बोलने का कोई प्रयास नहीं किया, लेकिन हम बता सकते हैं
अपने कार्यों को वह कुछ ध्वनियों को थोड़ा सुन सकता था। यही सब मैं चाहता था
जानना! मुझे यकीन था कि अगर वह सुन सकता है, तो थोड़ा भी, वह अभी भी विकसित हो सकता है
अधिक सुनने की क्षमता। फिर कुछ ऐसा हुआ जिसने मुझे उम्मीद दी। यह
एक पूरी तरह से अप्रत्याशित स्रोत से आया है।
हमने एक विरोला खरीदा। जब बच्चे ने पहली बार संगीत सुना, तो उसने
परमानंद में चला गया, और तुरंत मशीन विनियोजित। उन्होंने जल्द ही ए
उनमें से कुछ अभिलेखों के लिए वरीयता, "यह टिपरी के लिए एक लंबा रास्ता है।"
एक अवसर पर, उन्होंने उस टुकड़े को लगभग दो घंटे तक, खड़े होकर खेला
विजरोला के सामने, उसके दाँत मामले के किनारे पर जकड़े हुए थे। महत्व
उनकी यह स्व-निर्मित आदत वर्षों बाद तक हमारे लिए स्पष्ट नहीं हुई,
क्योंकि हमने उस समय ध्वनि के "हड्डी चालन" के सिद्धांत के बारे में नहीं सुना था
समय।
विजरोला को नियुक्त करने के कुछ समय बाद, मुझे पता चला कि वह सुन सकता है
जब मैंने अपने होठों से उसकी मस्तूल की हड्डी को छूते हुए, या उसके साथ बात की, तो मुझे स्पष्ट रूप से पता चला
मस्तिष्क का आधार। इन खोजों ने मेरे कब्जे में आवश्यक मीडिया को रखा
जिसके द्वारा मैं अपने बेटे की मदद करने के लिए अपनी जलती हुई इच्छा को हकीकत में तब्दील करने लगा
सुनवाई और भाषण विकसित करना। उस समय तक वह बोलने में कंजूसी कर रहा था
कुछ शब्द। आउटलुक उत्साहवर्धक था, लेकिन DESIRE BACKED BY
FAITH ऐसे किसी शब्द को असंभव नहीं जानता है।

यह निर्धारित करने के बाद कि वह मेरी आवाज़ की आवाज़ को स्पष्ट रूप से सुन सकता है, मैं तुरंत, उसके दिमाग में सुनने और बोलने की इच्छा को स्थानांतरित करने के लिए शुरू हुआ। मैं जल्दी ही पता चला कि बच्चे को सोते समय कहानियों का आनंद मिला, इसलिए मैं काम करने, बनाने के लिए गया उनके लिए आत्मनिर्भरता, कल्पनाशीलता और एक गहरी इच्छा को विकसित करने के लिए तैयार की गई कहानियाँ सुनना और सामान्य होना।
विशेष रूप से एक कहानी थी, जिसे मैंने कुछ देकर जोर दिया
हर बार नया और नाटकीय रंग बताया गया। यह उनके में रोपण करने के लिए डिज़ाइन किया गया था इस विचार को ध्यान में रखें कि उसकी विपत्ति एक दायित्व नहीं थी, बल्कि महान मूल्य की संपत्ति थी।
इस तथ्य के बावजूद कि मेरे पास सभी दर्शन थे

क्रम-सूची

www.ingramcontent.com/pod-product-compliance
Lightning Source LLC
LaVergne TN
LVHW081547060526
838200LV00048B/2249
9781648052774